AF383258

Hanne Leggemann

Eine Reise
ins
Leben

Erfahrungsräume

Bibliografische Information der Deutschen Bibliothek:
Die Deutsche Nationalbibliothek verzeichnet diese Publikation in der
Deutschen Nationalbibliografie; detaillierte bibliografische Daten sind im
Internet über dnb.dnb.de abrufbar.

1. Auflage
© 2018 Hanne Leggemann

Verlag & Druck: tredition GmbH, Hamburg

Hardcover   : ISBN 978-3-7469-1958-4
Paperback   : ISBN 978-3-7469-1971-3
e-Book   : ISBN 978-3-7469-1959-1

INHALT - Kapitelübersicht

Alltagsgedanken

Ein Buch

Ein Buch als Metapher fürs Leben?
Das hat's doch schon öfters gegeben!

Ich stell mir mal vor, es hätt' mittendrin
keine Seiten mehr
– nicht mal leer

Dann könnt' man zwar – immerhin –
noch Vergangenes lesen
doch – das wär's gewesen

Die Gegenwart machte zunächst keinen Sinn
– nichts, was wohin führt
– weil kein Ziel fixiert

Oder wäre grad das ein Gewinn?

Bleibe

Du saugst mein Staunen in dich auf,
mein Sehnen und den Liebesschmerz.
Geduldig wartest du darauf,
dass Ruhe einkehrt in mein Herz.

Mein Wunsch ist täglich deine Nahrung
und das, was mir der Traum erzählt.
Du überlässt mich der Erfahrung
und lebst allein durch meine Welt.

Du schweigst zu jedem Aufbegehren,
behältst Geheimnisse in dir.
Selbst Triviales kommt zu Ehren,
wenn ich es dir vor Augen führ.

Dir kann ich mich stets offenbaren
und anvertrau'n, wonach ich such.
Durch dich kann ich mich selbst erfahren,
ich bleib in dir – mein Tagebuch.

Die Flamme

Es flackert wild ein Licht im Wind,
beugt sich mal langsam, mal geschwind,
tanzt ganz nervös nach allen Seiten,
schwingt hin und weg, wie die Gezeiten,
streckt sich ganz hoch und duckt sich nieder,
will fast vergehen und kommt wieder,
kämpft wie ein Held ums Überleben
und kann wohl niemals Ruhe geben.

Mag man's gemütlich und bequem,
ist so ein Licht recht angenehm
und wenn's erlischt, merkt man zum Schluss,
dass man im Dunkeln sitzen muss.

Pflicht

Ruhepausen gibt es nicht,
unaufhörlich ruft die Pflicht,
die den Alltag prägt.

Man agiert nur immerzu.
„Ist es wichtig, was ich tu?"
– Keiner da, der wägt.

Ausgepowert! Nichts geht mehr
und das Leben wird so schwer,
dass man's kaum noch trägt.

Wenn's dann tiefer nicht mehr geht
und ein Neubeginn entsteht:
Wie das Wellen schlägt.

Wir sind das Volk – Freigeister

Der Mensch – in die Geschichte eingesenkt
(die mitgestaltet, was er denkt
und seine Möglichkeiten limitiert),

kann seinem Zeitgeist nicht entfliehen,
der Politik sich nicht entziehen
und bleibt synchronisiert.

Der Mensch, der zudem frei im Geist
beständig auf die Grenzen weist,
der kann die Welt ein Stück

aus Schatten alter Sicherheiten
erhellend in die Zukunft leiten
– jenseits der Alltagspolitik.

Ein Glaube

Ein Glaube, der sich selber feiert,
der hinter Klostermauern bleibt,
der das „zu Menschliche" verschleiert,
den nichts zu andren Menschen treibt,
erscheint mir fremd und fern.

Ein Glaube, der die Menschen richtet,
der exklusiv die „Wahrheit" kennt,
der stolz auf Toleranz verzichtet,
erhaben Ungewohntes trennt,
der dient dem falschen Herrn.

Der Amethyst

200.000 Jahr' gerinnt
die Zeit in einer Blase,
in der nur Mineralien sind
– im Wasserbad – und Gase.

Im Gitter fügen sich die Teile
perfekt auf ihrem Platz
mit Präzision – ganz ohne Eile –
und schaffen einen Schatz.

So bildet sich ein Amethyst
– das schöne Steingewächs,
das ganz und gar einmalig ist,
zerbrechlich und komplex.

Der leuchtende Kristall besticht
durch schlichte Eleganz.
Es spiegelt sich darauf das Licht
und schwingt im Farbentanz.

Der Mensch jedoch, der alles „greift",
meint, er müsst ihm gehören
und könnt', was schon so lange reift,
mit einem Schlag zerstören.

Ich wünsche, dass die Kostbarkeiten,
die die Natur uns gibt,
nur in die Hände dessen gleiten,
der sie in Demut liebt.

Der Paläontologe

Ein kleines Häufchen Stein und Erde
ist da – seit Jahrmillionen schon.
Am ewig neuen „Stirb und Werde"
nimmt es nicht teil. Es bleibt Union.

Bis jemand kommt, der bald erkennt,
dass es *mehr* zu entdecken gibt,
der Schicht um Schicht den Lehm abtrennt
und jedes Bröckchen sorgsam siebt.

Und er befreit als Steinskulptur
geschickt, längst ausgestorbenes Leben –
das unter Wahrung der Kontur
der starren Einheit hingegeben.

Im Staunen hat er sich verbeugt
vor dem was sich bewahre,
das noch im Tod vom Leben zeugt
durch zig Millionen Jahre.

Erwachen

Auf den Wiesen, zwischen Bäumen
liegt das Laub vom letzten Jahr.
Die verfaulten Blätter säumen
einen öden Boulevard.

Kurze, trübe Wintertage
schlagen mächtig aufs Gemüt.
Mancherorts erhebt sich Klage,
die ins schale Leben zieht.

Doch in Depression versunken
werden Keime übersehen,
die wie erste Frühlingsfunken
zwischen all dem Grau schon stehen.

Osterglocken

Sie fügen sich ganz hingegeben
der Wahrheit, die sie sind.
Sie wissen nichts von Tod und Leben,
ergeben sich dem Wind.

Sie zweifeln nicht an ihrer Stärke.
Sie kennen keine Macht.
Sie sind ein Werk in größerem Werke
in ihrer Farbenpracht.

Entsprungen aus der Erde Schoß,
gereift am Sonnenschein,
so läuten sie uns absichtslos
den jungen Frühling ein.

Wir fragen uns nach ihrem Sinn,
den sie sich selbst nie geben.
Welch eine Hybris liegt darin?
Ihr Sinn doch das Leben.

Mückentanz

Siehst du den Mückenschwarm da hängen?
Da – neben jenem Baum?
Wie sich die Leben hektisch drängen
auf sehr begrenztem Raum.

Ein jedes Tier scheint in Erregung
und kommt doch nicht vom Fleck.
– So viel geschäftige Bewegung –
dann bläst der Wind sie weg.

Beklemmung

Ich bin auf diesem Wege gerne.
Noch ist es trocken, warm und hell,
doch grollt der Donner in der Ferne
und dunkle Wolken nahen schnell.
Ich merk', wie die Gedanken geh'n
um das, was kommen kann
– man kann's da hinten ja schon seh'n –
und halte zweifelnd an.

Sollt auf der angefangenen
Promenade ich jetzt wenden
und den bisher gegangenen
Spaziergang so beenden?

Nur kurz gerate ich ins Wanken
dann formt sich die Entscheidung:
Ich kann für jedes Wetter danken
und leb nicht die Vermeidung.

So geh ich weiter ohne Hemmung
und staune, was geschieht.
Ganz unnötig war die Beklemmung.
Das Unwetter verzieht.

Am See

Wie ein blauer Pinselstrich
fügt der See ins Grüne sich.
Er strahlt Ruhe aus.

Bäume wiegen sich im Wind
und die bunten Blumen sind
da, wie zum Applaus.

Wenn man auch die Straße hört,
es gibt nichts, was wirklich stört,
den, der richtig schaut.

Hier schwingt auch der Mensch in Dur,
fühlt sich eins mit der Natur,
wird sich selbst vertraut.

Dicke Luft

Schwerer feuchter Sommerduft
– alle Mücken fliegen tief.
Müdigkeit hängt in der Luft
und die Seele baumelt schief.

Träge schlendern die Gedanken
– in die Schwüle eingesenkt.
spüren sich im Leeren wanken
und von Ahnungen durchtränkt.

Wie begehrt ist jetzt ein Nass,
um die Szene zu beleben.
Hauptsach', es bewegt sich was –
magst auch ein Gewitter geben.

Regen

Ein Schauer reinigte die Luft.
Sie ist erfüllt von schwerem Duft.
Dampf steigt auf nassen Straßen.

Wir haben uns ins Haus gesetzt
denn ungemütlich ist jetzt,
da, wo wir grad noch saßen.

Befreit von lähmend heißer Schwüle
genießen wir die frische Kühle
und schöpfen wieder Kraft.

Die Vögel singen neue Lieder.
Das Gänseblümchen reckt sich wieder.
Es war so abgeschlafft.

Und schon formiert sich wieder Mut.
Der warme Regen tat so gut –
nach Aufbruch steht der Sinn.

Wenn wir auch vor der Nässe wichen,
jetzt freu'n wir uns am wunderlichen
und notwendigen Neubeginn.

Sturm

Ein sturmdurchwühlter Ozean,
– die Wellen aufgebäumt –
stößt brandend an die Felsen an,
so dass das Wasser schäumt.

Wie schlicht stellt sich Respekt hier ein,
wenn wir nur innehalten.
So klein erscheint das eigne Sein
vor den Naturgewalten.

Vergehen

Mein warmer Atem übergibt
sich eisig kalter Winterluft.
Ein Hauch nur, der sich vorwärtsschiebt
und sanft verfliegt – so wie ein Duft.

Er ist ganz weiß – ich seh' ihn gehen,
wie er zerfließt, sich dehnt und staucht.
Ich seh' ihn mit dem Winde wehen,
bis er sich löst und untertaucht.

Er zeigt sich nur in dem Kontrast:
Plus-minus-Temperaturen
und ist ganz ohne Wirkung – fast.
Was bleibt? – Subtile Wärmespuren

Lebenslinien

—

Reifezeit

Dein Weg

Die Wege sind da, sie geh'n auf dich zu,
aber welchen der vielen Wege gehst du?

Beginnst du zu rechnen – lebst du nach Gefühl –
versuchst du zu tun, was Gott von dir will?
Ahmst du etwas nach – bist du selbst kreativ –
oder folgst du dem Ruf, den ein anderer rief?
Bewegt dich die Angst vor der Einsamkeit –
vermeidest du potentielles Leid?
Fühlst du dich berufen – gibt Mitleid dir Richtung –
strebst du zu einer verlockenden Lichtung?
Verfolgst du ein Ziel, das du selbst definiert –
oder lässt du dich treiben und wirst dirigiert?
Bewegst du dich kraftvoll – fehlt Dir der Mut –
hast du Vertrauen – bist Du auf der Hut?

So viele Einflüsse können dich lenken.
du kannst in so viele Richtungen denken;
doch jederzeit kannst du auch neu justieren –
es gibt also nichts zu lamentieren.

Die Summe der Wahl Deiner Möglichkeiten
wird sich als *dein Weg* von alleine schreiten.

Hoffnung

Der Samen liegt schon in der Erde,
auch wenn man davon noch nichts ahnt
und alles, was daraus je werde,
sich erst den Weg nach oben bahnt.

Er wird sich nur zu dem entfalten
(was allezeit schon in ihm lag),
– wenn liebevolle Hände walten,
die Wasser spenden jeden Tag,

– wenn er die eigne Kapsel sprengt,
weil Wärme ihn mit Kraft versieht
und es ihn selbst zu wachsen drängt,
weil ihn das Licht nach oben zieht.

Wer im Vertrauen warten kann
und nicht den Mut verliert,
dem zeigt sich sicher irgendwann,
was aus dem Samen wird.

Morgen (Kindheit)

Das Leben schenkt sich selbst den neuen Morgen,
der arglos ist, voll Zuversicht und offen.
Die vielen Möglichkeiten sind verborgen.
Was man auch wünscht – Es lässt sich hoffen.

Mit Liebe wird ein guter Start bereitet
auf einem Weg, der noch im Dunkeln liegt,
und wer die Anfänge des Tags begleitet,
der freut sich dran, wenn er Konturen kriegt.

Die Chancen stetig zur Entfaltung führen –
nicht bei Enttäuschung gleich zu passen –
lehrt seine Kraft zu tolerieren
und guten Mutes später loszulassen.

Sandburg

Leben schäumt wie Meereswellen
an den unbewohnten Strand.
Ich kann mich dagegenstellen
nur wie eine Burg aus Sand.

Sieh! Es braucht nur ein paar Wogen,
bis sie sich ins Schicksal fügt,
wie vom Wasser angezogen,
weil die Kraft des Lebens siegt.

Die Kette

Du bist das Glied in einer Kette,
die sich zum Himmel streckt
und wenn sie dich als Teil nicht hätte,
wär` die Verbindung nicht perfekt.

Füll deinen Platz mit Würde aus.
Es ist niemals zu spät.
Wir alle schöpfen ja daraus,
wenn die Verbindung steht.

Lebensmitte

Ich habe den Zenit längst überschritten
und hinterlass schon eine Spur.
Ich hab gelernt zu danken und zu bitten
und meine Wunden mit Geduld zu kitten.
Mein Ziel gewinnt schon an Kontur.

Ich weiß schon, dass mein Weg sich fügt
in größere Zusammenhänge.
Ich weiß, dass Wille nicht genügt,
dass mein Gespür mich nicht belügt
und meide selbstgemachte Zwänge.

Ich bin bemüht, die Kreise abzuschließen,
bekenne, wenn ich neue Wege geh:
Ich möchte mich zu allen Wassern gießen
und mit dem Fluss in alle Meere fließen,
wo ich in ihnen auf- und untergeh'.

Erinnerung

Vor Jahren hab ich dich verloren.
Du gingst und ich blieb da.
Dein Bild ist seither eingefroren
und nur Erinnerung noch nah.

Doch dann – in aller Stille –
hast du mein Herz berührt.
Da hab ich – frei vom Wille –
dein Nahe sein gespürt.

Eden

Hier auf der Erde ist der rechte Platz
für unser menschliches Erleben.
Wir haben alle einen eignen Schatz,
um ihn zum Schöpfungsakt hinzuzugeben.

Da, wo für dich die Chance ist
dich auf die Weisung einzulassen:
Sei offen – lass gescheh'n, was fließt.
Den Kairos magst du nicht verpassen.

Leg Wert darauf, es einzubringen
– ganz ohne Dünkel oder kluge Reden,
dann siehst du Größe – auch in kleinen Dingen –
und diese Welt wird dir zum Garten Eden.

Dein Beitrag?

Was ist dein Beitrag? Was tust du
zu dem Gesamtwerk „Welt" dazu?
– Jeder Mensch ist wichtig –

Konsum allein macht niemals satt,
weil jeder einen Beitrag hat.
– Kein Lebenswerk ist nichtig –

Wo investierst du gerne Kraft
und was tust du mit Leidenschaft?
– Glaub nicht, das sei entbehrlich –

Die Welt braucht Menschen, die versteh'n,
warum sie ihre Wege geh'n.
– Sei mutig und bewähr Dich –

Du weißt nicht, ob das, was du bist
für andre wirklich wichtig ist?
– Das musst du auch nicht wissen –

Und ob dein Werk etwas bedingt,
was die Gemeinschaft weiterbringt,
– wirst du probieren müssen –

Sapere aude

Hab Mut, deiner Vernunft dich zu bedienen.
Dein Weg sei wie von ihrem Licht beschienen.
Erkenn, warum du, wohin gehst.

Hab Mut, was „jeder" denkt, zu hinterfragen.
Was letzte Wahrheit ist, kann keiner sagen.
Respekt, wenn du das eingestehst.

Entdeck, was deine Leidenschaft erweckt.
Erforsch mit Neugier, das, was in dir steckt.
Hab Mut, verschaff dir klare Sicht.

Sapere aude! – Cave!

Wir mühen uns, das Leben zu begreifen,
und können doch nicht mehr, als daran reifen,
den letzten Sinn versteh'n wir nicht.

Gestaltung

Wie eine Fessel wirkt die Haltung,
mit der wir uns beschneiden
und unsere eigene Entfaltung
so permanent vermeiden.

Gewagtes, ganzheitliches Leben,
das sich befreit hat vom „Du musst",
bleibt nicht am Altvertrauten kleben,
wächst auch am Leid und an Verlust.

Geist-Reich

Ein Geist, der seine Fesseln sprengt,
der bleibt nicht einfach steh'n.
Was diesen Geist zur Wahrheit drängt
wird immer weiter geh'n.

Er wird sich wie von selbst entfalten,
in Raum und Zeit ausweiten.
Er wird an keiner Grenze halten
und letztlich alle überschreiten.

Du und ich

–

Beziehungsdichte

Bitten

Dein Tritt kam völlig aus dem Takt,
soviel hast du dir eingepackt.
Nun wird die Last untragbar schwer,
als ob's die ganze Erde wär.
Und notwendig wird's zu erkennen:
Von irgendwas musst du dich trennen.

Doch scheint dir nichts spontan entbehrlich –
dein Weg ist immerhin gefährlich.
So stehst du lange da und zagst,
trittst auf der Stelle und beklagst.

Zum Glück kommt dir ein DU entgegen
und hilft dir Ballast abzulegen.
Du packst (es hilft der Realist)
nur das, was wirklich nötig ist.

Und weiter geht's mit leichteren Schritten.
Gottlob – Du lerntest endlich bitten.

Dank an den Freund

Wenn ich verzweifle bist du da,
hältst meinen Tränen aus.
Beschönigst nicht – bist einfach nah,
gibst ihnen ein Zuhaus'.

Ich hab gelernt, dir zu vertrauen,
denn du belügst mich nicht.
Auf deine Hilfe kann ich bauen.
Sie ist dir mehr als Pflicht.

Du forderst mich, wenn andre passen
und wenn es müßig scheint.
Auf dich kann ich mich stets verlassen.
Ich danke dir – MEIN FREUND.

Dys-Balance

Wenn die Seele sich verirrt,
weil Besitz zum Maßstab wird,
wirkt das Leben unterdrückt.

Nur solang Erfolg beschieden,
gibt es relativen Frieden
und das Streben scheint geglückt.

Wenn jedoch das Blatt sich wendet,
Wohlstand, Kraft, Karriere endet,
steigt Bedenken auf.

Unvermittelt kommt ein Stück
ursprünglichen Seins zurück
und es stoppt der Lauf.

Leere – schwer nur auszuhalten –
nimmt den Dingen, die was galten,
jegliches Gewicht.

Ausgelenkt wird jetzt die Waage.
Alles stellt sich selbst in Frage.
– Tod der Übersicht –

Wohljustierte um-Gewichtung
ändert auch des Lebens Richtung.
– Seinem Wesen zu –

Wenn die Waage wieder hält,
weil sich Gleich-Gewicht einstellt,
zeigt sich dir das DU.

Glück-Wunsch

Bis heute webte sich dein Leben
subtil in die Geschichte ein.
Du hast es stetig hingegeben
mit allem Widerstand und Streben,
mit deiner Zeit ans SEIN.

Oft konntest du den Weg entscheiden
mit Herz und mit Verstand,
doch lagen Freud und Leiden,
Sich-trauen und Vermeiden
nicht nur in deiner Hand.

An manchen Lebensweichen
entschied der Zufall mit:
– entsandte dir ein Zeichen,
– ließ dich ein Ziel erreichen,
– bestimmte deinen Schritt.

Wo heut' an diesem Tage
deine Geburt sich jährt,
da lohnt vielleicht die Frage:
Wie viel von deiner Lage
wird' dir durchs Glück beschert?

Ich wünsch dir, dass dies
Quäntchen Glück
dir niemals ganz entgleitet
und deinen Weg auf jedem Stück,
gelegentlich den Augenblick,
auch weiterhin begleitet.

Gästebuch Montlucon

Ich werde wohl die Tage nie vergessen,
als ich in eurem Kreis zur Ruhe kam.
An diesen Tagen konnte ich ermessen,
wie oft ich selber mir den Atem nahm.

Hier – ganz im Einklang mit Natur und Geist –
wurd' mir mit eurer Hilfe manches klar.
Ich konnte spüren was Verbindung heißt.
Habt Dank,
dass ich als Gast willkommen war.

DU

Jenseits der eigenen Mauern wartet
die Kraft, die uns verbindet.
Längst ist mein SEIN dahin gestartet,
wo die Begrenzung schwindet.

Wie lange rannte ich davon,
um mich dir nicht zu zeigen,
– getarnt wie ein Chamäleon,
– verstummt im Sich-Verschweigen.

Jetzt, wo ich lern, dir zu vertrauen,
mich dir zu offenbaren,
bist du wie in den Spiegel schauen
und mich dort selbst erfahren.

Freundschaft

Nicht zu weit weg von *meinem* Leben,
nicht zu nah dran an *deiner* Welt,
kann man ein Füreinander weben,
das nicht am ersten Streit zerschellt.

Mit jeder Sorge um den andern,
mit Einfühlung und mit Respekt,
mit jedem Tal, das wir durchwandern,
wird Zutrau'n in den Bund geweckt.

Es stellt sich Dankbarkeit bald ein,
wenn eine Freundschaft – sturmerprobt –
gereift am Halt-und-Hilfe-Sein
das Schicksal, dass sie knüpfte, lobt.

Suche

Der Platz für jemand, der mich hält,
wenn meine Welt zusammen fällt,
ist schon seit Jahren frei.

Den Jemand, der auch mit mir lacht,
wenn mir das Leben Freude macht,
den hätt' ich gern dabei.

Und jemand, der mich inspiriert,
mich absichtslos an Grenzen führt?
– Auch das mach ich allein.

Vielleicht stell ich mich mal ganz dumm
und suche einfach andersrum:
Wem könnte ich das sein?

Tanz

Ein letzter selbstvergessener Blick,
dann löst das Paar sich ganz.
Wie Trockeneis verdampft das Glück.
Es lockt ein andrer Tanz.

Die Sehnsucht drängt zum ersten Schritt
in einem neuen Reigen –
beim zweiten schwingt schon Hoffnung mit
und Mut sich zu zuneigen.

Der nächste Takt berauscht die Seelen
mit guten Emotionen
und tiefere Gefühle schwelen,
die weiteren Einsatz lohnen.

Im Gleichklang der Gefühle schweben
die Körper und die Herzen.
Die Melodie beginnt zu leben
wie Licht von Wunderkerzen.

In jedem Augenblick vergehen
zwei ICHs zu einem WIR
und jeder Schritt birgt ein Verstehen
des einen: jetzt und hier.

Wie schade, dass nichts ewig währt,
wie sehr man's auch begehr'.
Wenn man die Töne nicht mehr hört,
ist Rhythmus halten schwer.

Ein nachlässiges Ungeschick
erzeugt erneut Distanz.
Ein jeder nimmt sein Herz zurück.
Es lockt ein neuer Tanz.

Frech

Macht es Freude? – Ist es Pech?
Wenn man Menschen trifft, die frech
das Gewohnte hinterfragen?

Schürt es Ängste? – Spornt es an?
Sicher nicht für jedermann
einfach zu ertragen.

Einerseits ist es zwar ehrlich,
andrerseits ist es gefährlich,
sich dem auszusetzen.

Man muss anders reagieren.
Aber wohin wird das führen?
– Schwierig einzuschätzen.

Selbst-bewusst-Sein

Seitdem mein Weg den deinen traf,
wächst etwas „Neues" schon.
Noch ist's betäubt, so wie im Schlaf,
doch träume ich davon.

„Das Neue" wächst in mir und ist:
mein eignes starkes Wesen.
Das hatte ich so lang vermisst,
doch jetzt wird es genesen.

Ich geb' ihm Raum und alle Zeit,
werd' ernsthaft dahin streben.
Gib du ihm Zutrau'n und Geleit,
dann wacht es auf zum Leben.

Freunde

Du warst mir schon vertraut und nah
als ich zum ersten Mal dich sah.
Ich spür dich schon unendlich lang.
Schon immer hör ich Deinen Gang.

Wir sind aus einem Holz geschnitzt,
sind in denselben Stein geritzt,
zwei Seiten aus demselben Buch,
zwei Kleider aus dem gleichen Tuch.

Wir reiten auf derselben Welle.
Wir trinken aus derselben Quelle.
Wir segeln mit dem gleichen Wind
und auch wenn wir uns ähnlich sind,
werd' ich dich doch nie richtig kennen,
auch nicht, wenn wir uns „Freunde" nennen.

Doch Freunde können sich begleiten,
ganz nahe beieinander schreiten,
sich über Hindernisse heben,
sich Beistand, Trost und Hilfe geben,
sich Grenzen setzen, reflektieren,
sich streiten oder kritisieren,
gemeinsam lachen und sich freu'n
und treue Weggefährten sein.

So möcht' ich gerne mit dir geh'n.
Wohin es führt? - Wir werden seh'n.

Welt

Mensch, wie hast du dich entfremdet
von der Erde, die dich trägt,
die dir Raum und Nahrung spendet,
doch für die dein Herz nicht schlägt.

Du lebst stolz in einem Lichte,
das die Schatten unterdrückt ,
und veränderst die Gewichte,
bis dir die Balance missglückt.

Mensch, durch deine Weltgestaltung
rückst du von der Schöpfung ab.
Hemmungslos in der Entfaltung
schaufelst du dein eignes Grab.

Wortmeldung

Da meldet sich einer, der denkt, zu Wort,
beschreibt, was wir gern übersehen.
Er gibt einen ehrlichen, freien Report,
bemüht sich die Welt zu verstehen

Erhebt nicht den Anspruch auf Allwissenheit,
erfüllt keine edle Mission,
ist weit entfernt von Einseitigkeit
und fürchtet nicht Angriff und Hohn.

Die Stimme, die seine eigene ist,
kann niemals ein andrer erheben.
Wenn er es jetzt tut, bleibt er nicht Statist,
denn er spricht für das wahre Leben.

Liebesgedichte

Alles Liebe

Du bist der Gott, der Leben mir einhauchte
und der mich lehrte, meinen Weg zu geh'n.
Du bist die Sonne, die mein Leben brauchte,
um alle Wunder dieser Welt zu seh'n.

Du bist der Quell, der alles Wasser spendet,
das Feuer, das die Angst verbrennt.
Du bist die Kraft, die Leiden wendet
in Wahrheit, die sich selbst erkennt.

Du bist die Liebe – und du bist in mir –,
wie könnte irgendjemand je uns trennen?
Ich gehe weiter meinen Weg in dir
und lern dich immer besser kennen.

Und in die Zeit, die mir
mein „Buch des Lebens" schreibt,
kann ich nur gehen, weil
die Liebe bleibt.

Freiheit

Wenn alle Vorstellung vergeht,
wenn alle Wünsche weichen,
wenn man in sich zugrunde geht,
gibt's nichts mehr zu erreichen.

Es strömt dann nur, was wirklich ist.
Es strömt, jenseits der Zeit.
Es strömt dann nur das, was du bist:
Die Liebe, die befreit.

Lass diese Liebe in dir reifen.
Lass diese Liebe fließen.
Lass dich bedingungslos ergreifen,
sie in die Welt zu gießen.

Die Liebe

Die Liebe fragt nicht nach dem Morgen.
Sie weiß, dass Ewigkeit sie trägt.
Die Liebe macht sich keine Sorgen.
Sie weiß, dass sie die Hoffnung prägt.

Die Liebe lässt sich nicht begrenzen.
Sie weiß dass sie die Mauern sprengt.
Die Liebe will nicht Gott kredenzen,
weil sie uns selbst zum Ursprung drängt.

Was trägt

Die Liebe trägt mich allezeit
– vom Anfang bis ans Ende.
So lege ich in Dankbarkeit
mein SEIN in ihre Hände.

Sie lenkt und führt und leitet mich
bis in die letzte Stunde
und zweifelsohne weitet sich
mein Weg zu ihrem Grunde.

Spiegelung

Vertrau der Liebe, denn sie kennt den Weg,
auf dem sich deine Tiefe selbst berührt.
Sie zeigt dir Brücken, baut dir einen Steg,
wenn er durch hoffnungsloses Leiden führt.

Sie lotst dich durch Verzweiflung und Gefahr
und gibt dir, wenn es sein muss, Flügel.
Ihr Licht bescheint, was immer war,
und wird, wo du es siehst, dein Spiegel.

Bumerang

Was du bist, entspringt der Liebe –
was du tust, erfolgt daraus.
Sorg dich nicht um Schicksalshiebe:
Liebe baut dir hier dein Haus.

Und wirfst du in dieses Leben
von der Liebe nur ein Stück,
kommt, was du von dir gegeben,
wie ein Bumerang zurück.

In allem

Tief unter aller Alltagshast
– im stillen Untergrund –
ist Friede, der die Welt umfasst
und Wahrheit tut sich kund.

Weit über aller Alltagslast
– weit über allem Leid –
ist Gnade, die die Welt einfasst,
die alle Schuld verzeiht.

In allem, was uns hier umgibt
– wir können darauf bauen –
wirkt stets die Quelle, die uns liebt,
wir müssen nur vertrauen.

Mit-Mensch

Mit deiner Hilfe kann ich mich entfalten.
In deiner Wärme kann ich nicht erfrieren.
Du kannst mir meine Seele halten,
wenn sie schon droht, sich zu verlieren.

Du tröstest, wenn mich Trauer rührt.
Du nimmst mein Wesen an,
weißt um die Wahrheit, die mich führt,
in der ich dir begegnen kann.

Da, wo die Grenzen nichtig werden,
da kommst du mir entgegen
und hilfst der Liebe sich zu erden
auf neu entstandenen Wegen.

Berührung

– Die sanfte Hand
die sich auf mich legt,
die nicht den Verstand,
die das Herz bewegt

– Der kurze Moment
der Geborgenheit –
wie schnell er mich trennt
von der Einsamkeit

– Das verbindende Du
wie's mich wärmend umfängt
und mein Dasein im Nu
auf das Wesen hinlenkt

– Die simple Berührung
ist Anfang zugleich
mit neuer Justierung
im Grenzbereich.

Blicke

Ich nehm' ein blaues Augenpaar,
das sich mir zugewandt,
zunächst nur mit den Augen wahr
und mit meinem Verstand.

Doch dann beginne ich zu sinken
(ich kann mich nicht mehr halten),
in ihnen zu ertrinken,
die Ratio auszuschalten.

Was ist's, was mich sie lieben lässt?
Wie konnt' ich das hier finden?
Ich halte still die Augen fest.
Ich muss es nicht begründen.

Nur diese Augen sind die Welt,
und ich hab es gespürt,
als meine Seele weiter fällt:
Es hat auch sie berührt.

Ein Augen-Blick, dem Goethe sagt:
"Verweil', du bist so schön" ,
in dem man nichts mehr weiter fragt;
wir haben ihn „gesehn".

Sehnsucht

Wie soll ich meine Seele halten,
wenn sie schon selbstvergessen zu dir fällt?
Wenn sie beginnt, sich an dir zu entfalten,
und ganz versinkt in dieser andren Welt?

Wie halte ich mein Herz zurück,
wenn es dir so entgegenfliegt
und sich dir öffnet Stück für Stück,
bis es wie „Schicksal" vor dir liegt?

Wie sollt' dem Augenblick ich mich verweigern,
wenn der Verstand betäubt und machtlos wird
und stumme Blicke eine Sehnsucht steigern,
die den Moment in die Unendlichkeit entführt.

Trost

Es lief so gut, doch in das fast perfekte Leben
schlug wie ein Blitz das Schicksal ein
und angstvoll spürt ein inneres Beben
das stete Ausgeliefert-sein.

Ihr haltet euch. Ihr trocknet eure Tränen
und werdet eure Sorge doch nicht los.
In scheuer Hoffnung liegt ein wehes Wähnen
der eigenen Verzweiflung bloß.

Vertraut der Liebe, lasst euch von ihr leiten,
auch wenn ihr noch um Hoffnung ringt.
Wer mit euch fühlt, wird euren Weg begleiten
und für euch glauben, wo's euch nicht gelingt.

Die Welt und alles

Ich möcht' noch einmal – wie ein kleines Kind –
mich voll Vertrau'n in liebevolle Arme geben,
die mir die Welt und alles sind,
was mich beschützt und nährt im Leben.

Ich möcht' manchmal in Kinderschuhe schlüpfen,
geschickt und ohne alle Sorgen
auf Bäume klettern und durch Wiesen hüpfen
– befreit vom Blick auf gestern oder morgen.

Möchte' mich dem DU noch einmal anvertrauen,
in der Verbundenheit mein ICH erspüren,
voll Mut und angstfrei in die Zukunft schauen,
erleben, wie zwei Seelen sich berühren.

Nochmal möcht' ich die Chance haben,
dem neuen Leben Wege zu bereiten,
dessen Talent und seine Gaben
ganz selbstlos zur Verwirklichung zu leiten.

Für immer möcht' ich meinen Frieden finden
mit allem, was mir auf der Welt geschenkt,
und meine Hoffnung auf die Liebe gründen,
die unaufhörlich mich zum Ursprung drängt.

Der Liebe möcht' ich mich ergeben,
voller Vertrauen wie ein kleines Kind.
In ihren Armen möchte ich weiterleben,
weil sie die Welt und alles sind.

Abendrot

Abendrot: Es dämmert leise,
dass die Zeit hier endlich ist.
Du wirst älter, ruhig und weise,
denkst schon an die letzte Reise,
wo dein Lebenskreis sich schließt.

Lässt die Zeit Revue passieren,
schaust gebannt auf *deine* Sonne:
Sie kann Kräfte offerieren,
die dein Leben sublimieren
zwischen Leid und Wonne.

Und du spürst: Dies ist *dein* Stern
im kosmischen Getriebe.
Er ist gar nicht wirklich fern
und er ist nicht mal extern:
Er war immer Liebe.

Echt

Könnte ich nur fest vertrauen.
Würd' ich spüren, was mich hält.
Frei könnt' ich ins Leben schauen –
mutig, ehrlich, unverstellt.

Meine Zweifel würden schwinden.
Ängste würden minimiert
und die Liebe würd' mich binden,
weil sie *wahre* Wege führt.

Stumme Stimme

Die Liebe spricht als Weisung, die die Wege leitet,
mit Sanftmut, Mitgefühl und Freundlichkeit –
spricht mir als Trost, der in der Not begleitet,
als stumme Stimme aus der Ewigkeit.

Da, wo aus vollem Herzen ich mich zeige,
erfahr ich Liebe, die das Paradies verspricht
und noch viel mehr erspür ich, wenn ich schweige,
ihr eigentliches Angesicht.

Im Herzen

Ein' Ort gibt's, der für jedermann
sein Leben ganz verändern kann;
an dem ist Hoffnung, Mut und Kraft,
Vertrauen, Mitleid, Leidenschaft.
Dort ist das, was ihm seine Welt
im Innersten zusammenhält.

Und willst du aus der Tiefe leben,
musst du zu diesem Ort hinstreben.

Es ist dein Herz – gib dem mal Raum,
ansonsten spürt man es ja kaum.

Jetzt stell dir vor, die Menschheit strebt
dahin, wie man von da aus lebt.

Frieden

– wenn Hand in Hand sich führend
und Herz im Herzen sich berührend,

– wenn Aug' in Auge schauend
und Seel in Seele sich vertrauend,

– wenn Werk im Werke sich verlierend
und Schöpfer im Geschöpf sich explizierend,

die Menschen sich von ihrem
Allmachtswahn befrei'n,

dann könnte wieder
Paradies auf Erden sein.

Er-Leben

Der Weg zum Ziel ist nicht mehr wichtig.
Es reicht ein Sich-erleben,
in dem in Wahrheit und doch flüchtig
die Pole sich aufheben.

Ganz hingegeben, wie dem Traum,
kein ICH, das sich entscheidet,
kein Denken reicht in einen Raum,
der sich der Zeit entkleidet.

Selbst das Gefühl ist weit entfernt,
wie in vergang'nen Welten.
Der Himmel zeigt sich ganz ent-sternt.
Die Hölle kann nichts gelten.

Ein solches SEIN gibt sich ins WERDE
im größeren Getriebe.
Es holt den Himmel auf die Erde
und ankert in der Liebe.

Einheit

Was gäbe es hinzuzufügen,
wenn alles sich ins Leben fügt?
Wenn wir uns nicht mehr selbst belügen,
gäb's keinen mehr, der uns belügt.

Kein Mensch würd' – was er ist – nur scheinen,
weil er nur als er selbst erscheint
und wär im Größeren – im Einen –
mit jedem anderen vereint.

Glück

Ich halte staunend den Atem an,
weiß nicht, was ich dir noch sagen kann –
die Zeit zieht sich sachte zurück.

Dein Wesen berührt ganz sanft mein Gemüt
und als es weiter zum Herzen zieht
löst sich alles Wollen im Glück.

Wendezeiten

–

Anfang und Abschied

Der Kreis

Die alten Ziele sind vergangen.
Ein neuer Weg hat angefangen.
– Du schreitest zaghaft noch

Den Zweck spürst du nur vage.
Du stellst ihn noch in Frage.
– und gehst am Ende doch

Dein Weg zieht deine Schritte
in deine eigne Mitte
– in deinen eignen Grund

Du gehst bald voller Eifer
und jeder Schritt macht reifer,
macht deinen Halbkreis rund.

Neugier

Erneut geht jetzt ein Weg zu Ende.
Hier nimmt das Leben eine Wende.
Ein Abschied wird beweint.

Schon ist der Blick nach vorn gerichtet,
wo Mut den Horizont verdichtet
und „Möglichkeit" erscheint.

Die Sicherheit vertrauter Runden
wird mit dem Neuen überwunden.
Das Ungewisse lacht.

Wohin ersehnt sich der, der handelt,
der das Verwandelte verwandelt?
Die Neugier ist erwacht.

Gegenverkehr

Stell dir vor du schaffst die Wende,
folgtest deiner eignen Spur,
dass sich Freiheit wiederfände –
ohne innere Zensur.

Fraglos würd' sich offenbaren,
welcher Weg da vor dir liegt
und du würdest achtsam fahren,
so, dass er Bedeutung kriegt.

Sicher würd' dir auch bewusst,
welche Angst noch in dir ist,
falls du registrieren musst,
dass du Geisterfahrer bist.

Endspiel

Es sind die altvertrauten Spiele
in meiner Hand zerbrochen.
Entfallen sind bekannte Ziele
und es verhallen die Gefühle
wie Worte – in den Wind gesprochen.

Das HIER und JETZT ist mir die Nahrung
aus der der Weg sich speist.
Ich überlass mich der Erfahrung
und spür die Kraft der Offenbarung,
die auf den nächsten Schritt verweist.

Perspektivwechsel

Den Perspektiven-Shift zu wagen
beflügelt unsere Phantasien.
Er hilft, sich selbst zu hinterfragen,
den Geist zu anderen Ufern tragen,
schiebt an, was unverrückbar schien.

Das Leben gibt sich selbst Geleit,
wird innerlich beweglicher,
füllt ohne Hast die eigne Zeit,
wird von Erwartungen befreit,
Veränderung wird möglicher.

Zaghaft

Unsicher noch, mit ängstlichem Schritt,
folg ich dem Pfad, den mein Leben beschreitet.
Oft gehen alte Ziele noch mit,
die sich verlier'n, wenn die Neugier begleitet.

Unsicher noch, mit schwankendem Mut,
beginn ich die Wunder des Lebens zu sehen.
Das scheinbar Reale ist nur Substitut,
sofern Zeit und Raum in mir selber entstehen.

Unsicher noch, vertrau ich dem Leben,
lass mich von seiner Strömung ergreifen.
Lerne, mich willig dazuzugeben
und was sich verwirklichen will, in mir reifen.

Erster Schritt

Die Zeit ist reif, dich zu verlassen.
In jedem Blick schwang schon der Abschied mit
und wir begannen uns schon fasst zu hassen,
so mühsam wurd' das „Aneinanderpassen".
Ich gehe jetzt den ersten Schritt.

Den Schritt in eine andere Richtung,
den Schritt, der die Verhakung löst,
den Schritt aus falscher Selbstverpflichtung,
den Schritt mit anderer Gewichtung,
den Schritt, der an die Ängste stößt,

den Schritt in eine echte Wahrheit,
den Schritt, der plan- und ziellos scheint,
den Schritt mit großer innerer Klarheit,
den Schritt, der irgendwann verzeiht
und letztlich das Getrennte eint.

Grundsätzliches

Da draußen legt der Herbst sich auf das Land
mit Raureif, Laub und Nebelschwaden
und das, was ich so leicht im Frühling fand,
wirkt dunkel jetzt, ermattet und beladen.

Doch so wie die Natur sich transformiert,
ist auch in mir der Wandel schon im Gange.
Ich spür wie meine Seele resoniert –
wie ich stets ende und dann neu anfange.

Trennung

Wir waren uns einmal so nah.
Wir fühlten uns verstanden.
Nicht mehr genug ist davon da.
Das Meiste kam abhanden.

Der Alltag schwamm in Ungeduld,
bis wir verlernten uns zu sehen.
Wie sinnlos klingt ein Wort wie: „Schuld“,
wenn wir jetzt auseinandergehen.

Wir haben ja zu allen Zeiten
nur das getan, was wir vermochten,
und haben unsre Eigenheiten
in die Beziehung eingeflochten.

Die Zukunft, die mal vor uns lag,
wird miteinander nur zur Pflicht.
Selbst Wille, der soviel vermag,
reanimiert die Liebe nicht.

Doch gab es auch die gute Zeit.
Lass uns die nicht vergessen
und lass uns scheiden ohne Streit.
Das wäre angemessen.

Im Ende liegt bereits der Keim
für einen Neubeginn.
Wir setzen unser Leben ein
und wachsen in den Sinn.

Herbst

In das reifende Erwarten
webte sich Geheimnis ein.
Jede einzelne Frucht im Garten
darf ein Hinweis darauf sein.

Reich bestückt sind Apfelbäume
und als Wind durchs Kornfeld wühlt,
weht durch farbensatte Räume
etwas, das den Abschied fühlt.

Toter Baum

Deine verdorrten Äste ragen
leblos in weite Räume.
Die Erde kann dich zwar noch tragen,
doch nicht wie andre Bäume.

Du brauchst nicht, was sie ihnen spendet:
Luft, Wasser oder Nahrung.
Du hast den Lebenskreis beendet
und bliebst hier als Erfahrung.

Dein eignes Grabmal bist du dir.
Du stehst als Toter da.
Doch dadurch rührst du was in mir,
das ich bisher nicht sah.

Wandlung

Vieles erlebt – vieles geseh'n
(beeindruckend, vielfältig, anregend, schön)
Vieles durchlitten – Vieles betrauert
(manches begrüßt – manches bedauert)

Aber wie lang scheint das alles her?
Die bunten Erlebnisse locken nicht mehr.
Das Leben ziert sich, dem rastlosen Streben,
die kostbarer werdende Zeit zu geben.

Jetzt keimt aus den simplen Dingen Gehalt.
Begriffloser Ausdruck gewinnt Gestalt.
Es beginnt eine Phase, den Weg zu verstehen –
und schrittlos der Stille entgegenzugehen.

Vom Sterben

Kampf und Bemühen sind beendet.
Nichts hat das Schicksal abgewendet,
in das du dich jetzt gibst.

Du spürst Bezüge sacht verblassen,
lernst alle Bindung loszulassen,
verlässt das, was du liebst.

Du weisst: Dein Weg ist hier zu Ende.
In Demut leeren sich die Hände
und aller Zweifel geht.

Dein Schmerz löst sich in Wohlgefallen.
Die Ein- und Absichten verhallen
und weiter Raum entsteht.

Seelenende

Verborg'ne Wünsche, Heimlichkeiten,
Geheimnisse und dunkle Seiten,
aus Scham verschwiegenes Ungenügen,
uneingestand'ne Lebenslügen,

die Ängste, die ihn so beklemmten,
die Vorurteile, die ihn hemmten,
die Wut, wenn er an Unrecht dachte,
der Abschied, der ihn traurig machte,

geht, wenn der Mensch dem Tod geweiht
mit seiner Seele aus der Zeit.

Abschied

Die Seele weint und ist betrübt:
Es ging ein Mensch, den sie geliebt.
Die Trauer wächst – sie wird zum Schmerz –
und legt sich wie ein Ring ums Herz.
So manchen Tag und manche Stunde
erfährt man diese „off'ne Wunde".
Er ging und die geteilte Zeit
wird – jetzt erst – eine Kostbarkeit.

Ach – Könnte Gott ihm doch sein Leben
noch mal – nur zehn Minuten – geben:
– wir könnten Unbedacht bereuen
– Unachtsamkeiten uns verzeihen
– uns unsre Ängste anvertrauen
– uns schweigend in die Augen schauen
– und liebend an den Händen fassen,
um uns am Ende loszulassen.

Heut' ist das alles nicht mehr möglich
und das Versäumnis schmerzt unsäglich.
Doch allzeit mahnt mich der Verlust:
Erleb den Augenblick bewusst!

Über der Stille

Soviel Hoffnung, soviel Leid,
so viel längst vergang'ne Zeit
rührt dich an, wenn du da bist,
wo gewöhnlich Stille ist.

Steine zeugen hier von Leben,
das es früher mal gegeben.
Namen, in den Stein gehauen,
sind von Männern oder Frauen.
Doch ihr Weg zwischen zwei Daten
lässt sich nicht mal grob erraten.

Allenfalls lässt sich ermessen:
Wer ist noch nicht ganz vergessen,
weil sein Grab den Nachweis gibt,
dass ihn jemand heut' noch liebt.

Ein Weg

Ein Weg, der aus dir selbst sich fügt
im Hier und Jetzt gegangen,

– den Schein und Vorstellung nicht trügt
– der deine Seele nicht belügt

hat grade angefangen.

Seelen-Erleben

–

An-Deutungen zur Psyche

Inventar

Vergang'ne Erfahrung - Gemütsinventar –
begleitet auf allen Wegen.
Nicht auszulöschen, noch änderbar,
wird sie sich dennoch bewegen.

Erinnert man sich nur aus kurzer Distanz
mit etwas neutralerer Sicht,
verlieren sich etliche Sorgen ganz
und manche Vorstellung bricht.

Die leidvollen Senken sind aufgeschüttet.
Manch luftiger Gipfel erscheint erodiert.
Das ehemals feste Bild ist zerrüttet,
eindeutige Wertungen relativiert.

Bedenke: Die Leiden des Augenblicks,
so schwer die Gefühle auch wiegen,
vergeh'n ebenso, wie die Freuden des Glücks,
die leicht wie der Wind verfliegen.

Gegenwind

Geh nicht mit, wenn andre geh'n.
Stell dich ruhig mal quer
oder bleibe einfach steh'n,
lass den Gegenwind verwehen
– ohne Gegenwehr.

Trau dich, Fragen zuzulassen,
Leere zu ertragen.
Lass vom Mitgefühl dich fassen.
Wage, falsches Spiel zu hassen
und das auch zu sagen.

Gib dich, wo dir Worte schwinden.
Kämpf, wenn es notwendig.
Müh dich, *deinen* Weg zu finden –
den im DU zu überwinden
und du bist lebendig.

Realität

Real sind Wünsche, die vergeh'n,
weil sie sich nicht erfüllen,
sind Vorstellungen, die entsteh'n
durch rosarote Brillen.

Real ist die Gedankenwelt –
für andre nicht zu fassen.
Real ist, was der Traum erzählt.
Real ist unterlassen.

Real ist das „Was-man-nicht-tut",
was unsere Kräfte bindet.
Real ist unterdrückte Wut
und Schuld, die unbegründet.

Real sind ursprüngliche Triebe,
Bedürfnisse nach Sicherheit.
Real ist Sympathie und Liebe
und die Gewissen-haftigkeit.

So denkt der Mensch oft etwas, das
nicht in Erscheinung tritt,
und prägt die Welt ohn' Unterlass
auf diese Weise mit.

Denn er hat jenseits aller Normen
bewusst stets die Entscheidung,
sein ganz reales SEIN zu formen
durch *Taten und Vermeidung*.

Mein Schweigen

Wie oft hab ich *nicht* gesagt, was ich will,
was ich mein, was ich fühle – Ich war so oft still –
hab oft meine Grenzen nicht deutlich gemacht
und über Verletzungen auch noch gelacht –
hab Betrug und Unrecht wortlos ertragen,
konnt' dünne Ausreden nicht hinterfragen –
Hab geseh'n wie andre die Wahrheit verbiegen –
die Lüge gespürt – und trotzdem geschwiegen.

Dies Schweigen versteinert innerlich,
verhüllt das Herz, bemitleidet sich.
Es gibt sich nicht hin, wie die Blume im Wind.
Es begründet sich, stöhnt und richtet und sinnt.
Es liegt vor den Augen und liegt im Ohr
und bringt lauter Ängste und Klagen hervor.
Es beginnt von den eignen Gefühlen zu trennen
und dann wird es schwer, sich selbst zu erkennen.

Das *andere* Schweigen – das staunende Seh'n,
mit dem wir verneigt vor der Schöpfung steh'n,
– das, welches sich über die Worte legt,
wenn etwas wirklich berührt und bewegt
– das Schweigen, das sich wie von selbst ergibt,
wenn Reden nicht sagen kann, wie sehr man liebt.
– das Schweigen, mit dem wir nach innen blicken,
Ahnungen spüren, Gebete verschicken,

das ist mit dem Leben in Resonanz
und führt zu uns selbst und macht uns ganz.

Der Trinker

Er kippt sich seine Welt ins Glas
und schluckt sie gierig runter.
Erst dann bemerkt er in sich was,
erst dann macht ihm das Leben Spaß
– der Alltag wird ihm bunter.

Er lügt seit seiner Jugend schon
die Leere in sich weg,
verheimlicht seine Aggression,
vermeidet jede Frustration
– lebt lieber unter Deck.

Er oszilliert um eine Schuld,
der er doch nicht entflieht.
Von vagen Ängsten eingelullt,
ergibt er sich der Ungeduld,
indem er sich entzieht.

Im Rausch löst sich sein Über-Ich.
Er fühlt sich stark und mächtig,
wird mutig, träge, anhänglich,
wird arrogant, bedauert sich,
wird manchmal niederträchtig.

Und nüchtern plagt ihn das Gewissen.
Er sieht sein ICH zerbrechen.
Doch bei geringen Hindernissen
fühlt er sich wieder hingerissen,
den Frust sich wegzuzechen.

Zunehmend nimmt des Lebens Härte
der Alkohol ihm aus der Hand.
Ganz langsam ändern sich die Werte.
Er folgt gebannt der falschen Fährte.
Sein Dasein wird Trabant.

Nur wenn er sich vom Sog befreit,
um den sein Tag sich dreht,
sich selbst bejaht in Angst und Leid,
sich aussöhnt mit der Wirklichkeit,
ist es noch nicht zu spät:
Ein freier Mensch entsteht.

Pinocchio

Er hängt wie die Marionette,
dumpf an Bildern von sich fest
und er hofft, dass man ihn rette,
ihn befreit von dieser Stätte
und ihn endlich leben lässt.

Selbst die Fäden abzuschneiden,
so, dass nichts mehr hält,
wird er – sterbend noch – vermeiden.
Er hat zu viel Angst zu leiden,
wenn er runterfällt.

An die Depression

Du pflegst den Kummer und die Sorgen
mit Hingabe und Leidenschaft.
Doch zur Veränd'rung fehlt dir morgen –
genau wie heute – jede Kraft.

Du kleidest dich in Trauermiene
und ewige Vergeblichkeit.
Mit eingefrorener Routine
nährst du die Ausweglosigkeit.

Du meidest Offenheit und Neugier
und bist am liebsten ganz allein.
Du lässt dich niemals auf Pläsier
nur so zur Freude ein.

Es interessiert dich meistens nicht,
wo du die Chancen übersiehst,
warum der Lebenswille bricht
und welchen Ängsten du entfliehst.

An die Hysterie

Dein Schauspiel auf der Lebensbühne
ist leidenschaftlich exaltiert.
Mit Liebe, Leid, Hass, Angst und Sühne
wird es dramatisch inszeniert.

Du weisst die Menschen zu umgarnen
durch Liebreiz und Bescheidenheit.
Das Unersättliche zu tarnen
gelingt dir, denn du bist gescheit.

Das ICH, das deine Seele strickte,
ist klein und unberechenbar.
Dein Körper exponiert Konflikte
mit ziemlich breitem Repertoire.

In Grenzen magst du dich nicht fügen.
Der eigne Wille gilt dir viel.
Du hasst ein falsches Spiel und Lügen
und bist so stolz auf dein Gefühl.

Du bist nervös und suggestibel.
Du änderst Deine Meinung schnell,
bist treuherzig und sehr flexibel,
erfrischend unkonventionell.

Du bist für andere attraktiv.
Du magst die Langeweile nicht.
Dein Weg ist bunt und intensiv
und gerne auch im Rampenlicht.

Doch naht sich dir ein Humanist,
der dich bejaht – trotz Maskerade –
weißt du nicht, wer du wirklich bist
jenseits der schillernden Fassade.

Die Krise läutert dein Bestreben,
dem Mitmensch zu gefallen.
Du lernst mit deinen Fehlern leben.
aber:
Ein Stück von dir ist in uns allen.

Ambivalenz

Im Überschwange der Gefühle
fühlt sie sich hin- und hergezogen.
Sie setzt sich zwischen alle Stühle
und nichts erscheint ihr ausgewogen.

Sie gönnt sich selber keine Pause.
Es treibt sie stets von hier nach da.
Doch nirgendwo ist sie zu Hause
und nirgendwo sich selber nah.

Sie lebt von einem Tag zum andern
vom Schicksal hin- und hergerissen.
Sieht sich um ihren Weg mäandern
und ihn doch niemals recht zu wissen.

Ein jeder Weg, der grad begann,
der endet ja latent.
Ihr Plan gilt nur für momentan
und bleibt ambivalent.

Fassade

Mit Eifer hab ich die Schale geschmückt,
die jetzt keine Zukunft mehr gibt.
Von außen betrachtet ist manches geglückt,
doch hab ich mich selbst nie geliebt.

So viel musst' ich tun, um mir wertvoll zu sein,
aber nichts konnte mir je genügen.
Ich rannte und kämpfte und blieb allein.
Wie konnt' ich mich so lang belügen?

Jetzt tragen die Außenwände nicht mehr.
Ich muss aus dem Inneren mich halten,
bekenne bescheiden: Es fällt mir so schwer,
mein authentisches ICH zu entfalten.

Und welches der gezeigten Gesichter
entspricht meiner *wahren* Natur,
die sich nicht mehr duckt vor dem inneren Richter
und zieht ihre eigene Spur?

Es beängstigt, Vertrautes herzugeben
für ungewisse Gestade.
Doch weiß ich: Ich hab nur dieses Leben
und das will ich nicht als Fassade.

Rätsel zum Geleit

Was kann Wut nach oben schrauben
und die Contenance dir rauben?
Gift in deinen Alltag sprüh'n
und dich in den Abgrund zieh'n?
Dich vor Scham erröten lassen?
Dich verführ'n , den Freund zu hassen?
Kurz: In jedes Seelenleben
eine Menge Sprengstoff geben?
Aber wenn man es erkennt
und es mal beim Namen nennt,
es nicht mehr herunterspült
und zu – sich – gehörig fühlt,
– Ja, wenn du es gar begrüßt
und erkennst wohin es fließt:
kann es dich auch animieren,
dich auf deinen Weg zu führen,
ist ein kleines Hinweisschild,
wie dein Leben sich erfüllt
und dazu spornt es noch an,
dass man es erreichen kann.

Nun? Errätst du dein Geleit?
Nimm ihn an – es ist dein Neid.

120

Notausgang

Verzweiflung nahm mir alle Macht,
mein Leiden zu beenden.
So lag ich in der Seelennacht
allein in Schicksals Händen.

Nichts gab's zu tun – der Mensch ist klein,
wie er ins Sein gestellt
und dennoch bildet er sich ein,
er fasse diese Welt.

Doch als die Nacht am tiefsten war
und sie mich ganz durchdrang
erschien ganz plötzlich hell und klar
das Zeichen: „Notausgang".

Ein andrer Weg war nicht in Sicht,
so trat ich durch die Pforte
in einen Raum aus hellem Licht
und jenseits aller Worte.

Hier gab es nur noch das Vertrauen,
das mich seitdem begleitet.
Darauf kann ich „das Neue" bauen,
weil's alle Räume weitet.

Gutmensch

Du verstehst ja wirklich jeden.
Du weißt Rat, hältst kluge Reden.
Du fühlst dich in alle ein.
Du lässt niemanden allein.

Du bist nicht wie jene andern.
Du kannst auf den Sternen wandern.

Du bist ganz schön abgehoben,
lebst erst auf, wenn sie dich loben.
Irgendwann zeigt dir mal wer,
dass du nicht so fühlst wie er.

Vielleicht hilft es zu begreifen:
Du kannst an andren selber reifen.

Nimm dich lieber mit Humor.
Du kommst ziemlich häufig vor.

Was glaubst du?

Wer fühlt die Leere einer Zeit,
die so vergeudet wird.
In der man aus Bequemlichkeit
nur nach Vergnügen irrt?

Wer sendet Hoffnung in die Welt,
wo Menschlichkeit versiegt,
wo kaum noch wer den andren hält,
wenn er nichts dafür kriegt?

Wer fühlt denn noch des nächsten Schmerz,
wenn er ihn nicht mehr teilt?
Wer öffnet mitleidig sein Herz,
so, dass die Liebe heilt?

Wer klagt nicht an, wer richtet nicht,
wer sieht nicht tatlos zu?
Wer nimmt sich einfach in die Pflicht?
Was glaubst du? Wer bist du?

Wer bist du?

Wer bist du, wenn dich niemand stützt –
wenn du die Wüste lebst,
wenn Maskerade nichts mehr nützt
und du im Leeren schwebst?

Wer bist du, wenn die Schalen fallen,
wenn Vorstellung wie Rauch verweht,
wenn Ziele wie ein Ruf verhallen
und andre Wirklichkeit entsteht?

Wer bist du wirklich, wenn du schweigst
und nicht mehr sinnlos rennst,
wenn du dich aus dem Inneren zeigst
und dabei gern verbrennst?

Fristlos

Ich bin auf einem Weg gegangen,
der mich mit stetigem Verlangen
in meine Mitte zieht.

Genug kann ich in mir entdecken,
bisher verborgene Stärken wecken
und staunen, was geschieht.

Die Leidenschaft ist mein Begleiter
und Neugier weht mich immer weiter
– Es drängt mich keine Frist.

So zieh ich mit der Sehnsucht fort
und find zuweilen jenen Ort,
wo meine Stille ist.

Respekt

Der Wert, den du dir dadurch gibst,
dass du dich selbst bejahst und liebst,
der kommt auch für dein Gegenüber
in deiner ganzen Haltung rüber.

Und der Respekt, den man dir zollt,
wird unbewusst und ungewollt
von deiner Seite initiiert
und allenfalls noch moduliert.

Panikattacke

In steigender Geschwindigkeit
– gehetzt vom steten SOLLEN –
stirbt Menschlichkeit im Puls der Zeit.
Der Mangel an Bescheidenheit
braucht Leistung, schafft Kontrollen.

Es wächst die Angst vor dem Versagen
sich aus zur Depression.
Der Tag ist eingesenkt ins Klagen.
Der Druck ist kaum noch zu ertragen,
man spürt den Abgrund schon.

Und plötzlich ist die Panik da,
der Kopf regiert nicht mehr,
der Wille brach bevor's geschah
und eine Chance – zum Greifen nah –
kommt von woanders her.

Spirituelle Reisen

—

Mystik

Metaphysik

Das Metaphysische durchwirkt
die Welt. Selbst: nicht zu fassen,
obwohl es alle Wahrheit birgt
und alles Tun und Lassen.

Es hält den Ursprung aller Zeit
und ist doch nur im JETZT.
Den Liebenden gibt es Geleit,
weil's sie in sich vernetzt.

Es wahrt den Grund, aus dem sich Leben
in die Erscheinung drängt,
in den wir mit dem Tod uns geben
und der uns Richtung schenkt.

In seiner unendlichen Leere
ist aller Fülle Überfluss,
die sich gebiert in uns're Sphäre
und löst zum Neubeginn am Schluss.

Wirklichkeit

Wir gehen aufeinander zu:
Mein Schicksal und mein SEIN.
Manchmal begleitet uns ein DU.
Doch meist geh'n wir allein.

Da, wo wir uns ganz nahe sind,
wo Leidenschaft erwacht,
wo sich das Leben selbst entspinnt,
da wird das JETZT gemacht.

Und nur in diesem Augenblick
ist Wirklichkeit, ist Sinn.
Der Blick nach vorn oder zurück
zeigt mir nicht das(s): ICH BIN.

Vordergrund

Der vordere Grund,
der die Welt gestaltet,
ist unsere Realität.

Ein schwacher Befund,
denn was wirklich waltet,
ist mehr als das, was vergeht.

Beobachter

Das Eine / Die Liebe
absichtslos empfunden,
nicht an Begriffe mehr gebunden,
wirkt wie ein Augenblick,
– geworfen in die Zeit –,
der sich gelöst hat aus
dem Meer der Ewigkeit.

Das Viele – so Vereinzelte – vergeht
in einem Fluss, der endlos neu entsteht.
In einem Raum, der alle Wunder birgt,
war immer schon das Ganze da und wirkt.

Wer kam, ihn einfach nur zu sehen,
und ohne Worte, grundlos, zu begehen?

Nicht der Beobachter, nicht ich –
die Liebe selber kommt zu sich.

Ohne Worte

Die vergängliche Gestalt
versagt dir Sicherheit.
Alles, was sie heut' noch galt,
löst sich morgen in der Zeit.

Das vergängliche Gefühl
lässt sich nicht anbinden.
Ignorant drängt es zum Spiel.
Hemmt ein tieferes Gründen.

Die vergänglichen Gedanken
stehlen dir die Stille.
Nirgends lässt sich Ruhe tanken.
Ständig herrscht *dein* Wille.

Unvergänglich bleibt allein
das, was einfach fließt
und sich ins profane Sein
als das Werk ergießt.

Große Seele

Du ewiges Geheimnis – große Seele.
Der Ort, der dich empfängt, ist still.
So sehr ich mich auch dir empfehle:
Du zeigst dich nicht, wenn ICH es will.

Doch wenn *dein Wille* meinen nährt,
und ich begrüß, was er beschließt,
spür' ich die Kraft, die alles klärt
und liebend sich ins Leben gießt.

Ewigkeit

Der Fels, auf den ich Hoffnung baue,
der Gott, dem ich in Not vertraue,
die Kraft, die Mauern niederreißt,
der Weg, der alle Wege weist,
das Wissen, das die Wahrheit kennt,
das Feuer, das die Welt verbrennt,
ist für mich da – war immer hier:
Es ist die Ewigkeit in mir.

Der Schwarm

Sie legen sich wie nur *ein* Körper in den Wind,
obwohl es viele Einzelwesen sind.
Ein jedes spürt, wohin die Gruppe treibt
und was es tun muss,
dass der Schwarm zusammenbleibt.

Doch woher wissen sie, was allen nützt
und: dass der Flug in Formation sie schützt?

Der Mensch, der seine Welt kausal bedingt,
begründet es sich gerne mit: Instinkt.
Nur: Wie kann jemand den erfassen,
der selbst verlernte zuzulassen?

Der Dichter

Er kann die Dinge so benennen,
dass sie ihr Wesen uns bekennen,
kann Worte kunstvoll arrangieren,
bis sie in unsre Seele führen,
Probleme, die uns hier umgeben,
auf eine andre Stufe heben,
kann Unrecht ganz konkret betiteln
und Einsicht sehr subtil vermitteln,
lässt Bilder aus den Worten fließen,
kann Symphonien in Sprache gießen.

Du fragst: Ist das nicht ziemlich schwer?
Wo holt er die Ideen her?

Er kann's nur, weil er nicht vergisst,
dass er schon immer Werkzeug ist
und gerne demütig bezeugt,
dass er sich einem Höheren beugt.

Dichter-Trost

Schau, wie sich die Natur verschwendet
in sinnloser Verschiedenheit,
sich abtrennt, sich ins Leben wendet
und scheinbar ändert in der Zeit.

Was wär sie, wenn sich das Erkennen
ihr nicht mehr gegenüberstellte,
wenn Worte sie nicht mehr benennen
und unsre Zeit ihr nicht mehr gälte?

Ein Hauch, aus einem Wind geboren,
ein Kerzenschein im Tageslicht,
ein Tropfen, in das Eis gefroren,
ein Wort, das nie ein Mensch mehr spricht.

Es gäbe keine Zukunft mehr,
kein Wägen mehr und auch kein Richten.
Das Leben wär – von innen her –
nur flüchtiges in-Sich-ver-dichten.

Die Quelle

Im tiefsten Inneren entspringt
ein Quell, der alle Lieder singt,
der tanzt, dass es das Herz erreicht,
– ganz mühelos, grazil und leicht –
der wunderbare Bilder malt
und alles Leuchten überstrahlt.

Ich horch ganz still in mich hinein,
will nah an dieser Quelle sein.
Hör ich sie? Ist sie mir vertraut?
Doch nein: Ich bin noch viel zu laut.

Wasserfall

Die Zeit, in der mich manches störte
und ich noch glaubte, alles zu verstehen,
ergoss sich unaufhaltsam in das Unerhörte
und ewig andere Zugrundegehen.

Wie Wasser, das nach unten fließt
von Bergeshöh'n ins Tal,
das ohne Furcht vom Abgrund schießt,
sich sanft in ruhige Seen ergießt,
so kraftvoll trivial.

Wellen

An den Strand gespülte Wellen –
nicht zu halten – nicht zu zieh'n,
wie sie einfach vorwärtsschnellen –
absichtslos sich selber flieh'n.

Und wir lassen uns belehren,
wie das physikalisch geht.
Aber kann uns das erklären,
welche Macht dahinter steht?

Ob die Welle tosend rollt
oder ob sie sich kaum regt,
wird von andrer Hand gewollt,
so, dass sie der Wind bewegt.

Aber wer bewegt den Wind,
um das Meer zu rühren?
Besser, wenn wir offen sind,
selbst den Wind zu spüren.

Schwelle

Kein Leiden, keine Freude lebt mich fort.
Mein Dasein ist in Gänze ungerichtet.
ICH BIN und berge Wort für Wort,
im Dank, der sich zum Vers verdichtet.

Der Augenblick bringt ihn hervor –
ein Ausdruck ohne Ziel und Lügen.
Ich hab das leise Rufen noch im Ohr,
mich selbst ins Lebenslied zu fügen.

Ein Strom aus unsichtbarer Quelle,
gegossen in den Strom der Zeit.
Ich bin nur Staunen an der Schwelle
des Tores in die Ewigkeit.

Fraktale

Manchmal verliert sich mein Bestreben,
die Welt mir zu erklären,
mir selber einen Sinn zu geben
und Hoffnung zu gebären.

Dann werden alle Fragen nichtig.
Im Staunen schmilzt der Wille.
Was war, was kommt, ist nicht mehr wichtig
und in mir wächst die Stille.

In diesen selbstvergess'nen Stunden,
wo ich ein Teil und Ganzes bin,
fühl ich mich einfach eingebunden
in immer tief'ren, größ'ren Sinn.

Grenzen

Das, was ich seh', ist definiert
durch die Verstandesgrenzen.
Doch möchte ich wissen, was passiert,
würd' ich den Blick ergänzen

um das, was mir der Körper sagt,
und das, was mein Gefühl
mir jederzeit und ungefragt
zusätzlich sagen will.

So kann ich in drei Dimensionen
schon bald die Welt beschreiben
und in ihr ganz behaglich wohnen,
doch soll's dabei verbleiben?

Ich suche weiter, bin bereit,
den andren Weg zu geh'n,
und lass die letzte Wirklichkeit
ganz einfach nur gescheh'n.

Und diese Dimension ist leer
– wird von mir nicht gemach –,
denn sie macht mich – von innen her –
und das, was ich erdacht.

Zufälle

Bewusstsein ist dem Mensch gegeben
und er bestimmt damit sein Leben.
Er stellt sich selbst die Weichen.

Was er mit Herz, Verstand, Gefühl
– warum auch immer – wirklich will,
das kann er auch erreichen.

Ist er nur fest genug im Geist
fügt manches, was sich dann erweist
ideal von ganz alleine.

Ganz wundersam wirkt ihm die Welt,
grad wie in seinen Dienst gestellt.
Das mag wie Zufall scheinen.

Der letzte Grund

Der letzte Grund ist das Geheimnis,
das mich erfüllt mit tiefem Sinn,
worein mein Dasein hier ich eingieß',
wenn ich ganz einfach STILLE BIN.

Aphorismen

Gefährten

Wir können uns wohl ein Stück begleiten,
uns Halt und Ansporn sein,
doch wenn wir den Grund aller Räume
beschreiten, ist jeder von uns allein.

Wir brauchen die Vergänglichkeit,
um Wachstum zu entfalten.
So wird sich aus dem Druck der Zeit
Zukünftiges gestalten.

Ich lerne aus der wundervollen
und ewig neuen Quelle
zu schöpfen – ohne es zu sollen –
zu fließen – ohne es zu wollen –
wie Wasser in der Welle.

150

Gleichmut

Nicht Leidenschaft, nicht Langeweile,
nicht heiß noch kalt, nicht gut noch schlecht;
Die Kraft liegt jenseits aller Eile
im Demütigen: „gerade recht".

Friedensmission

Um Frieden in die Welt zu geben,
da braucht es keine Waffen.
Es braucht nur Menschen, die ihn leben
und ihn im Herzen schaffen.

Neugier zieht die Rätsel an,
macht vor keiner Frage halt.
Glücklich, wer noch staunen kann,
denn er sieht auch Wunder bald.

Der große Gedanke, der die Welt reformiert,
ist stärker als der, der ihn formuliert.

Ein Weg, der einsam, schwierig ist und lang,
der endet nicht unweigerlich im Untergang.
Wenn sich *das Wasser selbst* ins Meer ergießt
ist ganz gewiss, dass andernorts es wieder fließt.

Der (der) weiß, hat die Linse auf Weitsicht gestellt
und seine Visionen verändern die Welt.

Wie kommt's, dass Menschen immerfort
die Welt erklären müssen?
Erspüren sie nicht hier und dort:
Das geht nicht nur mit Wissen?

Sinn-haftig

Mein Leben wächst in seinem Sinn,
wie könnt ich ihn begreifen?
So lass ich einfach, was ich bin,
im Hier und bis zum Ende hin
mit allen Fasern reifen.

Anfang

Heut ist ein neuer Aufbruch in eine neue Zeit,
der sich wie eine Perle in eine Kette reiht.
Was an der Lebensschnur entsteht
ist ständig Anfang, der vergeht.

Lerne warten, lerne reifen,
ohne alles zu begreifen.
Lass dich einfach nur berühren
und dich zu dir selber führen.

Erkunde Deinen Raum auf Erden
mit Sorgfalt, um ganz Mensch zu werden,
doch dann geh weiter – über Dich hinaus –,
denn es sind viele Zimmer in dem Haus.

Wer über Schwächere Witze macht,
ist selber schuld, wenn keiner lacht.

Mühsal

Geh den langen Weg, den steilen,
der unmöglich scheint zuweilen,
spürend, was sich Raum verschafft.
Geh gemach, Du musst nicht eilen.
Alles fügt sich - lebend aus der Kraft.

Oft bringt schon die Dankbarkeit
auch mehr Frieden in die Zeit.

Geld und Gut im Überfluss
führt manchmal in den Überdruss.

Auch die allerneuste Mode
währt nur ne' kurze Periode.

Was uns vor den Augen liegt,
kann man zwar erkennen,
doch erst wenn es Bedeutung kriegt
kann man es auch benennen.

Am Ende seiner Lebensreise
wird mancher anspruchslos und leise.

Alphabetisches Titelverzeichnis

Hanne Leggemann wurde 1957 in Stuttgart geboren.

Sie studierte vier Semester Philosophie, Englisch und Physik bevor sie an der Universität Bonn ihr Medizinstudium absolvierte und dort auch promovierte. Der Ausbildung zur Fachärztin Nuklearmedizin folgte ihre Weiterbildung in Psychosomatischer Medizin. Nach mehrjährigen Auslandsaufenthalten (Strasbourg und London) siedelte sie 2011 in die Schweiz um und betreibt seit 2014 eine Praxis für psychosomatische und psychosoziale Medizin in Zürich.

Sie hat 3 erwachsene Kinder.

Bei ihrem Blick auf das Leben und die menschliche Seele lässt Hanne Leggemann nicht nur eine eigene jahrzehntelange Entwicklungsarbeit und ärztliche Weiterbildung einfließen, sondern auch ihre beruflichen Erfahrungen als Ärztin und Psychotherapeutin.